発想力・コミュニケーション力を育む

いつでもどこでも言葉あそび

ね

こ

す

あひる

あるく

グループこんぺいと・編著　　メイト

Contents

61 Part 3 上級編

子どもの発達と言葉の獲得

幼児期の子どもは、どのように言葉を習得し、言葉の力を育んでいくのでしょう。
保育者は、子どもの言葉の力を育てるために、何ができ、何をしたらよいのでしょう。

指導／藤森平司先生（新宿せいが保育園園長）

言葉は、「知りたい」「伝えたい」という気持ちがあって、初めて身につくものです。

　子どもが言葉を獲得していくとき、そこには動機づけが必要です。これは、学生が英語を学ぶときのことを考えてみるとよくわかります。興味もないのに、ただ授業を受けているのではまったく身につきませんが、「英語を話す国に興味がある」といった強い動機をもって授業を受ければ、すんなりと身につくことがあります。

　英語を話せた幕末の武士もよい例です。彼らは、子ども時代に英語を学んだわけではありません。それが、あっという間に英語が話せるようになり、外国人と対等にやり合うことができたのです。これは、外国の文化を吸収したいという強い思いがあったからこそのことなのです。

　子どもが言葉を獲得するのも同じことです。子どもが必要を感じていない時期に、ただ言葉だけを取り出して教えようとしても、うまくいくはずはありません。

　子どもが「ママやパパに気持ちを伝えたい」「先生と話したい」「お友だちとあそびたい」と思ったとき、また、身のまわりのものごとに「これは何だろう？」「あれは何だろう？」「もっと知りたい」と感じたことを伝えたいとき —— つまり、子どもが自ら必要としたときに初めて、言葉の力は伸びていくのです。

言葉は、それだけを教えて育つものではありません。
総合的な生活やあそびの中で、
複合的に発達していきます。

　言葉は、保育における五領域の一つですが、「言葉」という領域が単独で発達していくものではありません。誤解されやすいのですが、保育における五領域とは、小学校のように一つ一つ独立した教科ではなく、あらゆる生活活動やあそびを通して獲得したものを、確認するためにあえて切り分けたものであり、すべては総合的、複合的に伸びていくものです。

　つまり、「言葉」という領域は、例えば、歩けるようになり行動範囲が広がる「健康」とか、人の話を聞くことができるようになり知識が増える「人間関係」など、別の領域と関連しながら伸びていくものなのです。

　その意味では、子どもが言葉を話せないという場合、そこだけを切り取って判断したり、それだけを教えようとするのではなく、ほかの領域も含めて総合的に、どの程度伸びているのかを判断していくことが必要です。

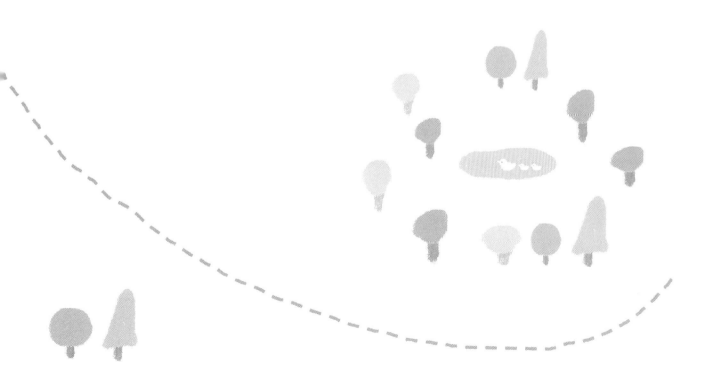

言葉を教えるより先に、まずは子どもの探究心を伸ばすこと。そのためには、子どもが「もっと知りたい」と思うような働きかけが必要です。

　言葉も含めた子どもの知的発達において、保育者がまず考えなくてはならないのは子どもの探究心を伸ばすことです。なぜなら探究心がすべての知力のもととなるからです。探究心があるのとないのとでは、言葉も含め、知識の吸収力が全く違います。

　では、子どもの探究心を伸ばすには、どうしたらよいのでしょう。

　具体的には、あらゆる生活の活動やあそびの中に、「なぜだろう？」という問いかけを増やしていくことです。それには、子どもが「もっと知りたい」と感じるような働きかけが必要です。

　私が子どもたちに星の話をしたときのことを一例にあげます。

　私が天の川を指し、「これ、何だか知っている？」と問いかけたところ、子どもたちは声をそろえて「天の川！」と答えました。

　子どもたちは、「天の川」という単語を知っていました。でも、ただ名前を知っていて答えただけで、なぜそこにたくさんの星が集まっているのか知ろうともしないのです。

　そこで私はあえて、「これはね、ミルクをこぼしたあとです」と言いました。そして、「なぜ、お空にこんなにミルクをこぼしちゃったんだろうね？」と。ここで初めて、子どもたちの興味は「天の川」に向かってきました。「どうしてだろう？」「天の川のことをもっと知りたい」と。

　このように、子どもが「もっと知りたい」と感じるような働きかけこそが、子どもの探究心を伸ばしていく上で大切なのです。

　その意味で避けたいのは、子どもに簡単に知識を教えてしまうことです。たとえそれが正しい知識であっても、答えを与えた時点で、子どもの「なぜだろう？」という問いかけは消滅してしまいます。

　ありがちなのが、「これなあに？」という子どもの質問に対して、「リンゴだよ」などと、単語で答えて終わらせてしまうこと。単語を知ると、子どもはそれを知った気になりますが、果たして「リンゴ」を知ったことにはなりません。

リンゴが果物であるということ、いいにおいがするということ、甘酸っぱい味がするということを知らないまま、子どものリンゴへの興味は終わってしまうのです。保育者のみなさんには、ここを意識してほしいですね。

大人対子どものタテの関係だけでなく、子ども同士のヨコの関係も大切です。

　探究心に加えてもう一つ、子どもが言葉の力を伸ばすために必要なことがあります。それは、保育者と子どもというタテの関係とともに、子ども同士のヨコの関係です。

　というのも、大人と子どものタテの関係の場合、保育者は子どもの言葉が足りなくても子どもの言いたいことをある程度察し、子どもの気持ちにこたえることができます。しかし、子ども同士は、そうはいきません。

　伝わらなければ、子どもは一生懸命、言葉の力をみがいて伝えようとします。これがあって、子どもの言葉は発達していくのです。

　ですから、保育者は、意識して、子ども同士のヨコの関係が広がるように、働きかけることが大切です。

　具体的に言うと、例えば子どもが「先生、できたよ」と言ってきたとき、保育者は「すごいね」とほめて終わらせず、「みんなにも教えてくれる?」と、その子に働きかけてみてください。保育者と子どものタテの関係を、子どもと子どものヨコの関係に広げるような働きかけをしてほしいと思います。

保育者は、子ども同士が集い、言葉を交わす空間やあそびを用意し、一緒に楽しんでいくことが大切です。

　保育者はさらに、子どもが友だちに「伝えたい！」と思うような体験の機会を増やしていく必要があります。

　そのためにも、保育者は、子どもたちが集う空間を用意する必要があります。そこには、できれば、年齢も育ちも性格も様々な子どもたちがいてほしいと思います。

　昔は、それが地域の中にありました。原っぱには、年上の子がいて、同年齢の子がいて、小さい弟や妹もいました。ガキ大将も、やさしい子も意地悪な子も、弱い子も強い子もいました。そして、様々なあそびが展開され、子どもたちは日々、言葉の力はもとより、コミュニケーション能力をみがいていきました。

　残念ながら現代は、その空間が失われています。

　子どもたちは、いろいろな子どもたちとコミュニケーションをとる機会を圧倒的に奪われてしまっています。だからこそ、保育所や幼稚園は、子ども同士が集う空間を用意する必要があるのです。

　そこには、子ども同士が言葉を交わさずにはいられないようなあそびを用意しましょう。例えば、ボードゲームや、協同して大きなものが作れるような大量のブロックなどがよいでしょう。また、最初は保育者がリードしながら、「言葉」を使ったあそびを取り入れてもよいでしょう。

　ただし、「言葉あそび」を取り入れる場合に注意したいのは、保育者が言葉を知識として押しつけようとしないこと。「覚えようね」と誘うのでもなく、「あそび」の一つとして、「言葉っておもしろいね」と楽しむことが大切です。

　保育者も一緒になって、言葉のおもしろさを味わっていくことで、子どもの探究心も大いに刺激されるのではないでしょうか。

HOP!

Part 1
初級編

「初級編」は、主に単語としての「言葉」や、言葉の
もつ「音」に興味を向けるあそびを集めました。
子どもたちが、「言葉っておもしろいなぁ」と感じな
がら、たくさんの言葉と出会えるよう、くり返し楽し
くあそんでください。

言葉の音の数をかぞえよう
いくつの音の言葉かな？

言葉はいくつかの音でできています。音を意識して数えながら、言葉を集めてみましょう。

※ 14－17 ページで、「あ～わ」の文字から始まる言葉を、音の数ごとに分類して紹介しています。

言葉の音の数をかぞえよう

身近にあるものの名前を取りあげ、言葉を言いながら手をたたきましょう。言葉がいくつかの音でできていることを伝え、言葉の音の数に意識を向けます。

例えば

耳をつかんで、
「これはなんて言うんだっけ？」
「そう『みみ』だよね」
手をたたきながら、
「『みみ』って、ほら２つの音でできているよね」
「じゃあこれは？」
と、目を指して、同様に手をたたきながら言ってみます。
「『め』は１つの音でできているね」
「ほかにも、いろんな名前の音の数をかぞえてみようか」

音の数ごとに言葉を集めよう

ホワイトボードなどに、数字カードを貼ったり、数を書いたりして、音の数ごとに言葉を集めてみましょう。
最初は、「目」や「手」（１音）、「鼻」や「足」（２音）など体の部位や、「時計」や「絵本」（３音）など、部屋にあるような身近なものの名前を取りあげるとよいでしょう。

難易度 UP

言葉探しゲームをしよう

かるたの絵札（※）を使って、言葉探しをしてみましょう。

いくつかのグループに分かれ、それぞれの真ん中にかるたの絵札を広げておきます。

保育者が「3の音の言葉！」と言ったら、絵札の「ウサギ」「つみき」など3音の言葉を探して取りましょう。

※「なぞなぞかるた絵札型紙」（84—95ページ）

3の音の言葉！

🍀 ルール

● 子どもたちのレベルに合わせて、探す時間に制限を設けます。（5秒とか10秒とか）

● 1回の制限時間内に1人1枚までしか拾えないことにします。

● その都度、拾ったカードをグループで見せ合って確認し、間違っていたらもとに戻します。

すいか

とけい

POINT

● 数の認識がまだしっかりついていない子どもがいるときは、はじめに手をたたく回数と1、2、3の数を確認してからあそぶとよいでしょう。

● 1音で意味をもつ言葉は、子どもの興味を引きやすいので、1音の言葉だけを探しても楽しいです。

 （右端の縦タブ）
1 初級編
2 中級編
3 上級編
型紙

HOP！

同じ音で始まる言葉を集めよう（頭音）

頭音言葉集め

「アリ」「あし」「あたま」など、言い始めの音（文字）が同じ言葉を集めてあそびます。言葉への興味と、語彙力を高めるあそびです。

※「あ～わ」の文字から始まる言葉を、次の 14－17 ページで紹介しています。

言葉をたくさん集めよう

「『あ』のつくものな～んだ？」
と保育者が言葉をかけて、頭の音が同じ言葉を、みんなで集めていきます。今日は「あ」、明日は「い」などと、言葉集めを継続していく中で、子どもからあがった言葉を、模造紙などの紙に書き出していきましょう。
言葉が集まってくるおもしろさを感じ新しい言葉を見つけようとする意欲や見つけたときの達成感が得られます。集める言葉は、名詞だけでなく、動詞や形容詞でもかまいません。

同じ頭音の言葉をつないでみよう

たくさん言葉を集めたら、その中で、言葉を２つ選んでつなげて文章をつくってみます。言葉の音のおもしろさを味わいましょう。

例えば

「あまい　あんこ」
「あきに　あるく」
「いしの　いぬ」
「いどに　いく」
「うみに　うかぶ」
「うたを　うたう」
など。

あんぱん
あめ
あれ？
あんこ
あひる
あそぶ
あまい
あるく
あか
あお
あのつくことば！

名前の頭音で言葉をつくろう

名前の最初の音（文字）を使い、リズミカルな言葉をつくってあそびます。
最初は保育者が自分の名前でつくってつくり方を伝えましょう。
言葉をつくるコツがわかったら、みんなで一緒に考えたり、それぞれでつくってみます。

例えば

「しんちゃん　しがつく　しっかりしよう」
「まきちゃん　まきまき　まいちゃうよ」
「やまちゃん　やがつく　やんちゃだよ」

しんちゃん しがつく
しっかり しょう

まきちゃん
まきまき・・・・

やまちゃん
やがつく・・・・

● 言葉をつなぐあそびでは、意味が通じなくても OK です。言葉の音とリズムを楽しみましょう。

● 名前を使ってリズミカルな言葉をつくり合うときは、本人が嫌がるような単語は使わないようにしましょう。

LIST 「あ」〜「と」

あ

2音 あお・あか・あき・あさ・あし・あな
あめ（雨・飴）・アリ・あわ
3音 あくび・あした・あたま・あつい・アヒル
あまい・あらし・あるく
4音 アイロン・あおむし・あかるい・アサガオ
アザラシ・アジサイ・アメンボ・あんぱん
5音 あたらしい・あまのがわ・ありがとう
〜 アスパラガス・あんにんどうふ

い

1音 い（胃）
2音 いえ・イカ・いく・いけ・いし・いす・イヌ
3音 いしゃ・イチゴ・イルカ
4音 イチジク・いもうと・インゲン
5音 いとでんわ・「いただきます」・いちりんしゃ
〜 いろえんぴつ

う

2音 ウシ・うで・ウマ
うみ・ウメ
3音 ウサギ・うしろ
うどん
4音 うれしい
うわばき・うんてん
5音 ウインナー
〜 うんてんしゅ

え

1音 え（絵）
2音 えき・えだ・エビ
3音 えいが・えのぐ
えほん
4音 えはがき・エプロン
えんぴつ・えんそく
5音 えきちょう
〜 えんぴつけずり

お

1音 お（尾）
2音 おか・オス・おに・おり
3音 おきる・おちる・おとな・おでん・おんぷ
4音 オオカミ・おおきい・おとうと・おにぎり
おはじき・「おはよう」・おもちゃ・おりがみ
5音 おおだいこ・おかあさん・おとうさん
〜 おじいさん・おばあさん・「おめでとう」
おしょうがつ・おうだんほどう・オタマジャクシ

か

1音 カ（蚊）
2音 かい・カキ（柿・牡蠣）・かぎ・かご・かさ
かぜ・カニ・カバ・カメ・カモ・かわ
3音 カエル・かばん・カメラ・カモメ・カラス
4音 かいだん・かなしい・かなづち・カボチャ
カマキリ・かみなり・カルガモ
5音 カタツムリ・カブトムシ・かみしばい
〜 カンガルー・カスタネット

き

1音 き（木）
2音 きぬ・きる
3音 きいろ・きって・キツネ・キップ・キノコ
キリン
4音 キキョウ・キツツキ
5音 きんめだい・きんメダル・きゃくせん
〜 きょうりゅう・キウイフルーツ
きゅうきゅうしゃ

く

2音 くし・くち・くつ・クマ
くも（雲）・クモ・クリ
3音 クジラ・くすり・くらい
くるま・クルミ
4音 くだもの・くつした
クレヨン・クワガタ
5音 クリスマス・クレーンしゃ
〜 クワガタムシ・クリームパン

け

1音 け（毛）
2音 けさ・けす・ける
3音 けいと・ケムシ・けむり
ケーキ
4音 けいさつ・けしごむ
けんだま・けんどう
5音 けんばんハーモニカ
〜

こ

2音 こま
3音 コアラ・こころ・こども
ころぶ・コンブ
4音 こうえん・コウモリ
コオロギ・コスモス
5音 こいのぼり・「こんにちは」
〜 「こんばんは」
コンピューター

14

で始まる言葉

「あ～わ」44音それぞれの文字から始まる言葉を、それぞれ言葉の音の数ごとに分類しています。「いくつの音の言葉かな?」(10−11ページ)「頭音言葉集め」(12−13ページ)「こぶたぬきつねこ」(52−53ページ) などで、活用ください。

1 初級編

 さ

2音 サイ・さか・さく・サケ・サバ・サメ・サル
3音 さいふ・さかな・サクラ・さとう・さばく
さむい・さんご・サラダ・さんぽ・サンマ
4音 さいころ・サーカス・さびしい・サボテン
さんかく
5音 サクランボ・サツマイモ・「さようなら」
〻 さんりんしゃ・サヤエンドウ・サンドイッチ
サンタクロース

 し

2音 しお・シカ・しま・しろ(白・城)
3音 しかく・しぜん・シメジ
4音 シイタケ・シーソー・シチュー・シマウマ
しゃしん・しりとり・しんごう・シンバル
5音 シュウマイ・しゃぼんだま・ショベルカー
〻 しょうぼうしゃ

 す

1音 す(酢)
2音 すき・すし・すず
3音 スイカ・ススキ・スズメ
すなば
4音 すいえい・すいとう
スカート・スプーン
5音 すべりだい・スパゲティ
〻 すいぞくかん

せ

2音 せき・セミ
3音 せなか・セロリ・せんろ
4音 せいふく・セーター
せっけん
5音 せんたくき・せんぷうき
〻 せんすいかん
セロハンテープ

そ

2音 そら・そば・そり
3音 ソース
4音 そうじき・ソラマメ
5音 そとあそび・そつえんしき
〻

 た

2音 タカ・たき・タケ・たね
3音 たいこ・タオル・たかい・たきび・タヌキ
たまご・たんぼ
4音 たいふう・たいよう・たくさん・タクシー
たけうま・タケノコ・タマネギ・タンポポ
5音 タンバリン・たくはいびん・たんじょうび
〻

ち

1音 ち(血)
2音 ちず
3音 チーズ
4音 ちいさい・ちりとり
5音 チューリップ・チョコレート
〻 ちゅうしゃじょう

 つ

2音 つえ・つき・つち・つの
つめ
3音 つくえ・ツクシ・つづく
つばさ・ツバメ・つみき
4音 つめきり
5音 つまようじ
〻 ツクツクボウシ

 て

1音 て
2音 てら
3音 てがみ・てじな・テレビ
てんき・てんし
4音 てつぼう・てぶくろ
テーブル
5音 てんじょう・テントウムシ
〻

 と

1音 と(戸)
2音 とげ・とぶ・とり・トラ
3音 トイレ・トカゲ・とけい
となり・トマト・トンボ
4音 とうだい・トナカイ
とびばこ
ともだち・トランプ
5音 トウモロコシ
〻

15

LIST 「な」〜「わ」

な
2音 なく・ナシ・なつ・ナス なべ・なみ・なわ
3音 ナイフ・ながい・なまえ なみだ
4音 なかよし・ながぐつ なわとび
5音 なつまつり・なつやすみ
〜

に
2音 にく・にじ・にわ
3音 にがい
4音 ニワトリ・ニンジン ニンニク
5音 にんぎょうげき
〜

ぬ
2音 ぬう・ぬぐ・ぬま・ぬる
3音 ぬりえ
5音 ぬいぐるみ
〜

ね
1音 ね（根）
2音 ネコ・ねる
3音 ねまき・ネズミ・ねんど
4音 ネクタイ

の
2音 のり（糊・海苔）・のど
3音 ノート・のびる・のぼる
4音 のこぎり・のりまき

は
1音 は（葉・歯）
2音 はこ・はた・はし（橋・箸）・ハチ・ハト はな（花・鼻）・はね・はる（春・貼る） はれ
3音 はがき・はさみ・はだし・はなび
4音 ハクサイ・はみがき・ハンカチ・はんぶん
5音 ハンドベル・ハンバーグ・ハンバーガー
〜

ひ
1音 ひ（火）
2音 ひげ・ひざ・ひと
3音 ひだり・ヒツジ・ヒトデ・ヒヨコ
4音 ひこうき・ヒマワリ
5音 ひなまつり
〜

ふ
2音 ふえ・ふく・ふた・ふね・ふゆ
3音 ふたご・ふとん・ふるい
4音 ふうせん・フクロウ・ふじさん・ふみきり ふりかけ・ふんすい
5音 フライパン
〜

へ
1音 へ（屁）
2音 へそ・ヘビ・へや
3音 ヘチマ
4音 へんしん
5音 へいきんだい
〜 ヘリコプター

ほ
2音 ほし・ほん
3音 ほうき・ホタル
5音 ホウレンソウ
〜

で始まる言葉

濁音や半濁音で始まる言葉は、33ページ（濁音）、35ページ（半濁音）のそれぞれのリストで紹介しています。

ま

- 2音 まえ・まち・まど・まめ・まる
- 3音 まくら・マスク・まつげ・マット・まほう
  まゆげ
- 4音 マフラー・ままごと・まんげつ・マンゴー
- 5音 マヨネーズ・まほうつかい
  〜

み

- 2音 みぎ・みず・みち・みみ・みる
- 3音 ミカン・ミシン・みずぎ・みどり・みなと
  ミミズ
- 4音 みかづき・みじかい・みずうみ
- 5音 みずあそび
  〜

む

- 2音 むぎ・むし
- 3音 ムカデ
- 5音 むしめがね・むかしばなし
  〜

め

- 1音 め（目・芽）
- 2音 メス
- 3音 めがね・メダカ・メロン
- 4音 めいわく
- 5音 めだまやき・メロンパン
  〜

も

- 2音 もち・もつ・モモ・もり
  もん
- 3音 もうふ・モグラ・モミジ
- 4音 ものさし
- 5音 モノレール・モロヘイヤ
  〜 モンシロチョウ

や

- 1音 や（矢）
- 2音 ヤギ・やね・やま
- 3音 やおや・やかん
  やさい・ヤモリ
- 4音 やきそば
  やきいも

ゆ

- 2音 ゆき・ゆび・ユリ
- 3音 ゆびわ
- 4音 ゆうびん
  ゆうれい
- 5音 ゆうえんち
  〜 ゆきだるま
  ゆうびんきょく

よ

- 2音 よむ・よる
- 3音 ようじ・ヨット
- 4音 ようかん
  ようふく
- 5音 ヨーグルト
  〜

わ

- 1音 わ（輪）
- 2音 ワシ・ワニ
- 3音 わたし
  わなげ
- 4音 わだいこ
- 5音 わらびもち
  〜

ら

- 3音 ラクダ
- 4音 ライオン
- 5音 ランドセル
  〜

り

- 2音 リス
- 3音 りぼん
  リング
  リンゴ
- 5音 リュックサック
  〜

る

- 2音 るす
- 3音 ルビー
  ルール
- 5音 ルーレット
  〜 るすばん
  でんわ

れ

- 3音 レタス
  レモン
- 4音 レンコン
- 5音 れいぞうこ
  〜 レストラン
  レインコート

ろ

- 3音 ろうか
- 4音 ろうそく
- 5音 ロールパン
  〜 ロープウェイ

同じ仲間の言葉を集めよう
○○なものなーんだ？

「動物」「食べもの」「赤いもの」「丸いもの」など、カテゴリーごとに言葉を集めましょう。いろいろなカテゴリーを知り、「仲間に分ける」力も身につきます。

「○○なもの」の言葉を集めよう

「○○なもの、な〜んだ？」
と、まずは保育者が子どもたちに聞いて○○のカテゴリーに当てはまるものの言葉を子どもたちが答えます。
子どもからあがった言葉を、ホワイトボードや模造紙などに書いていきましょう。
言葉がたくさん増えていく中で、言葉への興味が高まります。
あそびに慣れたら、子どもが出題者になって進めましょう。

例えば

「四角いもの、な〜んだ？」
同様に、三角や丸などの形。
「赤いもの、な〜んだ？」
同様に、青・黄色・黒・白などの色。
「動物園にいるもの、な〜んだ？」
同様に、海にいるものや、やおやさんで売っているものなど。

「○○で××なもの、な〜んだ？」

「くだもので、赤いもの、な〜んだ」
「食べもので、丸いもの、な〜んだ」
などと、カテゴリーを2つに増やして
言葉を集めてみましょう。
子どもが答えたら、
「そう、リンゴは赤い仲間だけど、く
だものの仲間でもあるよね」
と違うカテゴリーがあることをさりげ
なく言いましょう。

具体的なカテゴリーにこだわらず、
「ぞうさんが好きな食べもの、な〜ん
だ？」
「お部屋にある、四角い形のもの、な
〜んだ？」
「空を飛ぶ乗りもの、な〜んだ？」
といった問題の出し方をしてもよいで
しょう。

LIST 同じ形のもの　同じ色のもの

丸	ボール	うきわ	フープ	ピザ
	ドーナツ	タンバリン	お金（硬貨）	
	CD	輪投げの輪		
三角	やね	トライアングル	おにぎり	
	やま	サンドイッチ		
四角	折り紙	クレヨンの箱	絵本	お札
	画用紙	布団		
赤	トマト	イチゴ	ポスト	消防車
青	空	海		
白	雪	砂糖	ウサギ	

POINT

● できるだけたくさんの言葉があ
がるようなカテゴリーを出題し
ましょう。

● 毎日「朝の会」などに、このあ
そびを取り入れてみましょう。
毎朝1題ずつ問題を出し、「今
日は○○グループのお友だちが
答えを言う日」といったルール
にして、たくさんの子どもが答
える機会をもてるようにしまし
ょう。

1 初級編

2 中級編

3 上級編

型紙

声や音を言葉にしよう（擬声語・擬音語）

だれの声？　何の音？

子どもたちは、擬音語が大好き。言うだけでも楽しくて、何度も大喜びでくり返して言ったりします。この擬音語を連想ゲームして、想像力を伸ばしたいですね。

※声をまねた言葉を「擬声語」と言い、音をまねた言葉を「擬音語」と言います。

「だれの声？」「何の音？」か連想しよう

下段のメロディーに
「にゃんにゃんにゃん　にゃんにゃん
にゃん　だれでしょう？」
「ワンワンワンワン　だれでしょう？」
などと歌詞をつけてうたい、子どもが
何の鳴き声かを答えます。

動ものや虫の鳴き声だけではなく、音
を問題にして、みんなで答えを考えて
みましょう。例えば
「とんとんとんとん　なんでしょう？」
などと問題を出すと、「お料理の音」
「足で床をたたいている音」など、い
ろいろな答えがあがって盛りあがりま
す。

とんとんとん
なんでしょう？

園の中で擬音語を探そう

保育者の「スタート！」の合図で、園の中の音を探しにいきましょう。鳴き声や音を1つ見つけたら、元の場所へ戻ります。

全員が戻ったら、どこにどんな声や音があったかを言葉にして発表し合いましょう。

擬音語探検にいこう

子どもたちからあがった声や音を確かめに、みんなで擬音語探検をしてみましょう。

園内をめぐりながら、保育者は、

「○○くんはお砂場で『さらさら』って音を見つけたんだよね。みんなで、『さらさら』を聞いてみようか」

「バケツに入れると、どんな音が聞こえるかな？」

などと話して、みんなで声や音を共有していきましょう。

LIST 鳴き声を表わす言葉 音を表わす言葉

動物や鳥、昆虫の鳴き声など
「メエメエ」「モーモー」「ブーブー」「ワンワン」
「ニャンニャン」「キャッキャ」「チューチュー」
「コケコッコー」「カアカア」「ミンミン」「ジージー」
「リンリン」
楽器、雨や雷など自然の音、ものが動くときの音など
「ドンドン」「トントン」「ポツポツ」「ジャージャー」
「ゴロゴロ」「ポチャン」「ギコギコ」「ガチャガチャ」
「コツコツ」

POINT

● 1つの出題から、たくさん答えがあがるよう、子どもにとって身近な音を出題しましょう。

● 動物の鳴き声については、一般的に使われる表現がありますがそれにこだわらず、子どもたちが感じたままを表現できるような雰囲気を大切にします。新しい表現があがったときは、みんなで声に出して楽しみましょう。

「感じ」を言葉で表現しよう（擬態語）

どんな感じ？

実際の声や音ではなく、さわった感じや見た感じを言葉で表現してみます。きまりはないので、子どもらしい自由な表現をみんなで楽しんでみましょう。

さわった「感じ」を言葉にしよう

布袋などの不透明な袋に、ぬいぐるみや積み木、粘土など、感触が特徴的なものを１つ入れておきます。
子どもが１人ずつ手を入れて、どんな感じがするか、言葉で表現していきましょう。
袋の中は見ないことを約束してから始めます。

何が入っているか連想しよう

袋に入っているものが何かをあてっこしましょう。
子どもたちが表現した言葉を、ホワイトボードなどに書き出し、
「ツルツルして、かたいもの、なんだろうね？」
と問いかけましょう。
たくさんの答えがあがったら、
「何かな、何かな……」
と期待をもたせながら、袋の中のものを取り出してみましょう。

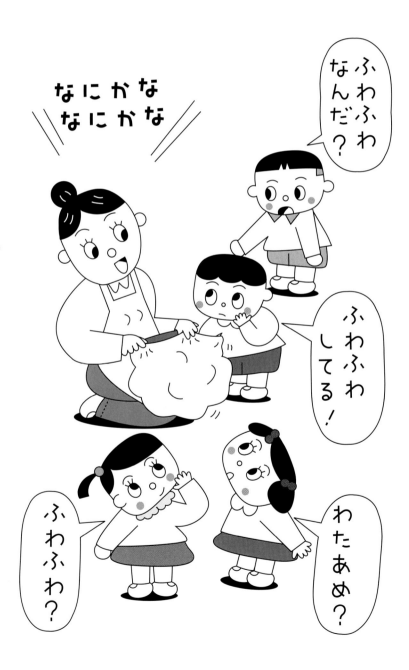

感じた言葉を体で表現しよう

さわった感じだけでなく、目で見た感じもいろいろな言葉にしてみましょう。楽しい響きの言葉を取りあげ、体で表現してあそんでみましょう。

例えば

空の雲を指差して、
「お空の雲さんって、音にするとどんな感じ？」
と問いかけます。
子どもからあがる、いろいろな表現に共感してから、
「じゃあ、『もくもく』ってどんな感じかなぁ。みんなで『もくもく』の雲さんになってみようか」
と言葉をかけてみましょう。

ほかにも、風や雨の音でも楽しく表現できます。

POINT

● さわって「感じ」を表現するあそびでは、先に実物を目で見てしまうと、それまで絵本などで得た先入観で表現しがちです。まずは、見ないで、さわった感じを表現するあそびをたっぷり楽しみましょう。

いろいろなあいさつをしよう

何てあいさつするのかな?

どんなとき、どんなあいさつをするのかを身につけながら、あいさつを交わすここちよさを知るあそびです。方言や外国のあいさつも取り入れて、あいさつする楽しさを伝えましょう。

絵を見てすばやくあいさつしよう

時間帯や場面の絵を用意しておき、その絵に合ったあいさつの言葉を言うあそびです。

最初に絵を1枚ずつ見せながら、その絵のときにはどんなあいさつをするのかを話しましょう。

そのあと、保育者がどんどん絵を替えていき、子どもたちは、その絵に合うあいさつの言葉をすばやく言葉にしていきます。

こんな絵を用意して

朝（寝起きの場面）
→「おはようございます」
昼（太陽）
→「こんにちは」
夜（月夜）
→「こんばんは」
就寝（パジャマ姿）
→「おやすみなさい」
食前（お料理が並んでいる）
→「いただきます」
食後（空のお皿）
→「ごちそうさまでした」

いろいろな「おはよう」をしよう

地方の方言での「おはよう」や、外国語のあいさつを紹介して、みんなで声に出してみましょう。

😊 例えば

朝の会などで、「おはよう」のあいさつをしたあと、
「『おはよう』のほかに、朝のごあいさつ、知ってる？」
と聞いてみます。
子どもから「Good morning」などの声があがったら、
「よく知ってるね。それは外国の言葉だよね。みんなで言ってみようか」
と伝えて、みんなで声にしてみます。
子どもから何も出てこなかったら
「沖縄県っていうところではね、『うきみそーち』って言うんだって、みんなで言ってみよう」
などと紹介して、みんなで声にしてみましょう。

ナマステー

ナマステー

🅛🅘🅢🅣 地方のあいさつ 世界のあいさつ

地方の「おはよう」
おはよーがんす（岩手県・秋田県など）
おはよーさん（近畿地方）
はやいのー（三重県・和歌山県・香川県など）
うきみそーち（沖縄県）
世界の「おはよう」
グッモーニング（イギリス・アメリカなど）
ボンジュール（フランスなど）グーテンモルゲン（ドイツなど）
ボンジョルノ（イタリアなど）ザオシャンハオ（中国）
ナマステー（インドなど）

POINT

● 単にあいさつの言葉だけを覚えても意味がありません。毎日の生活の中で、保育者が楽しくあいさつをしてみせましょう。

● いろいろな「おはよう」の導入は、子どもたちがあいさつの意味を理解し、正しいあいさつの習慣が身についてからおこないましょう。

名前であそぼう

ニックネーム大作戦

自分の名前に意識を向け、文字や言葉への興味を広げていくあそびです。自分の名前を読む・書くところへもつないでいけるといいですね。

ニックネームを考えよう

いつも使っているニックネームのほかにも、いろいろな呼び名を考えてみましょう。

まずは、保育者が自分の名前を例にあげて、ニックネームのつけ方を伝え、同じように、子どもたち一人ひとりのニックネームを考えていきます。グループごとに話し合って決めてもよいでしょう。

※全く名前とは関係ない呼び名はだめというルールにします。

例えば

「先生の名前は『たかはし　まき』です。どんなニックネームが考えられるかな?」

「たかはしだから、『たかちゃん』とか『たかピー』とか、『はっしー』でしょ。まきだから『まきちゃん』『まっきー』『まきりん』はどう?」

などと子どもに話し、子どもにニックネームを決めてもらいましょう。

名前の文字で言葉をつくろう

子どもの名前を1人ずつ大きく書いた
紙を用意します。
それぞれの名前の文字を使って、いろ
いろなものの名前をつくってあそびま
しょう。

例えば

保育者の名前の紙を前に貼り、文字を
指で差しながら、
「先生の名前の文字で、どんな言葉が
できると思う？ 『たか（鷹）』『はし
（橋）』『たき（滝）』『しま（島）』ま
だまだあるよ……」
「みんなのお名前には、どんな言葉が
隠れているかな？ 探してみようか」
と伝えて言葉を探してみましょう。

グループごとで探したり、全員分を何
日かに分けておこなったりしてもよい
でしょう。

- まずは、自分や友だちの名前をゆっくり大きな声で言って、名前も、音（文字）の組み
  合わせであることに気づかせましょう。

- 名前の音（文字）からニックネームを作ったり、別の言葉を探したりしながら、文字へ
  の興味にもつなげていきましょう。

つまる言葉であそぼう（促音）
言葉でピョン

つまる音（促音）のある言葉に意識を向けるあそびです。言葉のリズムに合わせて体を動かしながら、言葉のおもしろさを感じられるようにしましょう。

つまる言葉を言ってみよう

事前に、切手やクリップ、ラップなど名前に促音のあるものや写真を用意しておきます。「これなあに？」と子どもにものの名前を聞いて、言葉を声に出していく中で、つまる音に意識が向けられるようにしていきます。

例えば

葉っぱを見せて
「これなあに？」「そう、葉っぱだね」
続いて切手を出して
「これは？」「ピンポーン、切手」
のように、くり返し聞いていきます。
ひと通り聞いたら、
「みんなで順番に言ってみようか。葉っぱ、切手、コップ、らっこ。なんだか全部、ピョコンとはねてるみたいな言葉でしょ」
と話し、つまる音のところでピョンとジャンプしながら言ってみましょう。

言葉を促音にして言ってみよう

いろいろな言葉を促音にして言ってみます。
言ったあとで、言葉の音やリズムのおもしろさを感じられるような言葉をかけましょう。

例えば

「いろいろな言葉をはねた感じに言ってみるとどうなるかな?」
と伝えて
「『おはよう』は?『おっはよー』、『またねー』は?『まったねー』。
ねえ、なんだか楽しい言葉に聞こえるね。みんなで言ってみようか」
と、みんなで声にしてみましょう。
ほかにも、いろいろなものや友だちの名前に促音をつけて言葉にして楽しみましょう。

LIST 促音のつく言葉

- カップ
- クッキング
- コップ
- スパゲッティ
- ドッジボール
- バッグ
- 葉っぱ
- ホッチキス
- ポテトチップ
- リュックサック

- カスタネット
- クリップ
- サッカー
- チューリップ
- トラック
- バッタ
- ブロック
- ポップコーン
- ラッコ
- ロボット

- クッキー
- ケチャップ
- しっぽ
- ティッシュ
- パイナップル
- バット
- ホットケーキ
- ほっぺた
- ラップ
- ヨット

POINT

- 促音のつく言葉をたくさん声に出したら、文字に書いて示しましょう。

- 小さな「つ」のところを大きな「つ」にするとどう発音するか声に出して言ってみると、おもしろがります。

のびる言葉であそぼう（長音）
体を伸ばしてチーズ!

音と音の間に長い音（ー）を入れて、全く違う言葉をつくってあそびましょう。
のばすと意味が変わることを知り、言葉への興味が高まります。

言葉を縮めたり伸ばしたりしよう

しる→シール、ビル→ビールなど、音
と音の間を伸ばすと意味が変わる言葉
を子どもに紹介しましょう。
「しるを長く伸ばすと何になる？」
と、なぞなぞのように話して興味を向
けます。
答えが出たら、みんなで一緒に声に出
して、伸ばすことで全く違う意味にな
る言葉のおもしろさに気づかせていき
ましょう。

例えば

絵札（88 ページ）の「ちず」を見せ
て、
「これはなあに？」「そう、ちずだね」
「じゃあ問題。ちずを長く伸ばすと何
になるかな？」
「ヒント！　ちとずの間を伸ばして言
います」「チーズです」
「じゃあ、ビルを長く伸ばすと？」
のように、何題か問題を出して、伸ば
す音に意識を向けます。

体を縮めたり伸ばしたりしよう

伸ばすと意味が変わる言葉を、体を使いながら楽しく言ってみましょう。
しゃがんで「ちず」と言ったら、「せーの」で立ちあがりながら手を上にあげて、「チーズ」で体をめいっぱい伸ばしましょう。

いろいろな言葉を伸ばしてみよう

子どもたちの名前や、身近なものの名前を伸ばしていってみましょう。
体を大きく伸ばしながら声に出し、伸びる音を楽しみましょう。

L I S T 伸ばすと意味が変わる言葉 長音のある言葉

伸ばすと意味が変わる言葉

- カブ→カーブ
- しる（汁）→シール
- ちず（地図）→チーズ
- はと（鳩）→ハート（♡）
- ビル→ビール
- まく（幕）→マーク
- こと（琴）→コート
- かど（角）→カード

園内にある長音のある言葉

- ボール
- セロハンテープ
- テーブル
- フープ
- プール
- フォーク
- スプーン
- チューリップ

POINT

- 保育者は、音引きの音を強調させてユーモラスに言ってみましょう。子どもの言葉への興味が一層高まります。

31

言葉に濁点をつけて言ってみよう（濁音）
「てんてん」をつけると？

濁点のある言葉を探したり、濁点のない言葉に濁点をつけて言ったり、反対にとって言ったりして、音の違いを楽しみましょう。

手品？で言葉を変身させよう

「゛」を大きく書いたペープサートと大きめの箱を使って、手品風に言葉の変化を紹介してみましょう。

例えば

大きめの箱に「ザル」を入れておきます（子どもたちに見えないように）。
「サル」のぬいぐるみを子どもたちに見せ、
「これなーんだ？」
と聞きます。子どもたちが「サル」と答えたら、
「そう、サルです。では、これを使って別のものに変身させますよ」
とペープサートを見せながら話し、サルのぬいぐるみを箱に入れます。上から布をかぶせて、「゛」をふりかけるようにしながら
「ちちんぷいのぷい」
布のわきから手を入れて、ザルを取り出しましょう。
「ほらっ、てんてんのおまじないをかけたら、サルがザルに変身しました」
ザルを箱に戻し、「゛」のない側をふりかけて見せて、またサルのぬいぐるみを取り出します。同様にほかのものでもやって見せる中で、濁点のつく言葉に気づかせていきましょう。

かぶせる布

箱（段ボールなど）

ちちん
ぷいぷい

ワーザルに
なったー

濁点のつく言葉を探そう

知っている言葉の中で、濁点のつく言葉を探してみましょう。
見つけたら、濁点をとるとどんな感じになるか、みんなで声に出して言ってみましょう。
言葉の雰囲気が変わるのが楽しいあそびです。

言葉に濁点をつけて言ってみよう

身近なものの言葉に、濁点をつけて言ってみましょう。濁点をとるのと同様に、言葉の雰囲気が変わるのがおもしろく、盛りあがります。

LIST 濁点をつけると意味が変わる言葉
濁点のつく言葉

濁点をつけると意味が変わる言葉

- さる→ザル
- こま→ごま
- ふた→ぶた
- くし→くじ
- はね→ばね
- かき→かぎ
- あし→アジ

濁点のつく言葉

- ボール
- まど
- かばん
- ブロック
- ねんど
- すいどう
- ドア
- ぼうし
- すず
- てつぼう
- なわとび
- すべりだい

POINT

● 濁点「゛」のペープサートであそんだ後、濁点のつく前の言葉とつけた言葉を文字に書いて示し、声に出して確認し、言葉のおもしろさを味わいましょう。

1 初級編

「ぱぴぷぺぽ」の音であそぼう（半濁音）

ぱぴぷぺポーズ

「ぱぴぷぺぽ」のもつ、どことなく楽しげな音を生かして、それぞれの音にポーズをつけ、楽しくあそんでみましょう。

「ぱぴぷぺぽ」のつく言葉を集めよう

最初に「ピアノ」「プリン」「ポップコーン」など、半濁音のつく言葉をいくつか紹介してから、子どもたちと一緒に「ぱぴぷぺぽ」のつく言葉を探しましょう。

「ぽつぽつ」や「ぺっちゃんこ」などの擬音語や擬態語でもOK。たくさん集めて、ホワイトボードや模造紙などに書き出しておきます。

「ぱぴぷぺぽ」のポーズを決めよう

「ぱぴぷぺぽ」それぞれが、どんな感じの音かを話しながら、1つずつポーズを決めていきましょう。
保育者が、
「『ぱ』って、こんな感じかな？　それともこんな感じ？」
といくつかのポーズを提案して、子どもに決めてもらってもよいでしょう。

例えば

「『ぱぴぷぺぽ』って楽しい音がするよねー。先生は、『ぱ』って、こんな感じがするけど、みんなは？」
と聞いて、ポーズを考えることを提案してみましょう。

ポーズをつけて言ってみよう

集めた言葉を、今度は半濁音のところにそれぞれのポーズをつけてみんなで言ってみましょう。

「ぱぴぷぺぽ」のたくさん登場するような歌をうたい、「ぱぴぷぺぽ」の歌詞のところでポーズを決めたり、音を強調して言ったりすると、盛りあがります。

例えば

「汽車ぽっぽ」
　作詞：富原 薫／作曲：草川 信

「あめふり」
　作詞：北原白秋／作曲：中山晋平

「ふしぎなポケット」
　作詞：まど・みちお／作曲：渡辺 茂

「パンやさんにおかいもの」
　作詞：佐倉智子／作曲：おざわたつゆき

 半濁音のつく言葉

ぱ	●パペット	●パン	●パンダ	●パイナップル
ぴ	●ピアノ	●ピン	●ピンク	●コピー
ぷ	●フープ	●プール	●プリン	●テープ
	●コップ	●スプーン	●エプロン	●ヘリコプター
ぺ	●ペン	●ペンギン		
ぽ	●ポスター	●タンポポ	●ポップコーン	

● 半濁音の部分を濁音に変えて言ってみると、音の雰囲気が変わります。声に出して比べてみることで、言葉の「音」への興味が高まります。

保育者の言葉  Q & A ①

回答／藤森平司先生

Q 言葉の発達に差のある異年齢の子に話すとき

異年齢の子どもが一緒にいる中で話すとき、どうしたら全員に話が伝わりますか？

言葉だけでなく、視覚にも訴えて

言葉だけで伝えようとせず、身ぶりや手ぶり、あるいは絵やペープサートを用いたりなど、視覚にも訴える工夫をしましょう。受け取る子どもにとっての情報の幅が広がるような工夫が必要です。

Q 保育者の話を聞いていない子への対応

話を聞いていなかったり、立ちあがったりする子にどう注意したらいいですか？　ほかの子の集中力まで途切れてしまいます。

子どもの立場になって注意して

「静かにしなさい」「ちゃんと聞きなさい」と押さえつけるのではなく、「話を聞きたい子がいるから、静かにしてね」とヨコの関係で言ってみましょう。また、聞いていないようでもしっかり聞いている場合もあります。「もう一回、お話ししたほうがいいかな？」と、聞いてみるとよいでしょう。

Q 子どもの気持ちを引きとめる話し方

私の話に集中してもらえません。子どもたちの気持ちを引きとめて話すにはどうしたらよいのでしょう？

無理に静止してもよい結果は得られない

子どもの「動きたい」という欲求はただ止めてもだめです。まずは、保育者が話し方を工夫すること。また、たっぷり外あそびなどをして、「動きたい」という欲求を、ある程度落ち着かせてから話をする方法もあります。

STEP!

Part**2**

中級編

「中級編」では、「言葉」のつながりや、短い文章に
出会えるあそびを紹介します。
言葉を伝えたり、新しいフレーズを一緒に考えたりす
る中で、コミュニケーションツールとして「言葉って
便利だなぁ」と気づける
よう、たっぷりあそ
んでください。

短い文を伝えよう

こそこそ伝言ゲーム

簡単な短い言葉から、だんだんと長い言葉を友だちに伝えていきます。最後にへんてこな文章になっていたりするところが楽しいあそびです。

短い言葉や短い文章を伝えよう

グループごとに伝える順番を決めて、1列に並びます。

先頭の子どもは保育者のところへ行って伝える言葉を聞き、「よーいドン」で列に戻って、次の子にその言葉を伝えます。

順番に言葉を伝えていき、最後の子は保育者のところに行って、小さな声で聞いた言葉を言います。

全部のグループの伝言が終わったら、保育者が種明かしのように正確な伝言を発表しましょう。

ルール

● 保育者は初めの伝言を、耳元で3回ゆっくりとくり返して言います。

● 伝言はほかの子どもに聞こえないように耳元で伝えていきます。

例えば

❶「こんにちは」
「おはよう」
「○○ほいくえん」
など簡単な言葉。

❷「○○ちゃんが、こんにちはと言いました」
「先生が、おはようと言いました」
「ウサギ組は、35人です」
「先生は、カレーライスが好きです」
などの短い文章。

コソコソ

コソコソ

フムフム

先生とあそびました

せんせいがあそびました

難易度 UP

おもしろい言葉を伝えよう

なぞなぞや早口言葉など、楽しい言葉を伝えましょう。
早く伝える競争にすると、伝言ミスが多くなって楽しさ倍増です。

最後に伝わった言葉を発表し合い、間違った伝言をしたチームは、「正しい伝言をみんなで大声で10回言う」など、バツゲームをします。

例えば

「たのしい　たのしい　たのしくないのはんたいはなーに？」
「こっくり　しゃっくり　びっくりひっくりかえった○○せんせい」
「あかパジャマ　あおパジャマきパジャマ　むらさきパジャマ」
「いとこんにゃく　たまこんにゃく　なまこんにゃく好きなのどーれ？」

あかパジャマ

あかかじゃま

あかパジャマ

あかパパジャマママ〜

POINT

● 最後におかしな言葉になってしまったグループは、どこでどんな風におかしくなったのか、順番に言って確かめてみましょう。その際、言葉が変わっていくおもしろさを楽しめるよう、保育者は楽しく盛りあげてください。

STEP!

かぞえうたを楽しもう
「いちわのからす」

かぞえうたは、なわとびや、まりつきをするときに、うたわれていたわらべうたです。うたいながら楽しく 10 までの数をかぞえましょう。

※伝承のかぞえうたを次の 42−43 ページで紹介しています。

「いちわのからす」を覚えよう

「いちわのからす」をみんなでくり返しうたい、歌詞を覚えましょう。保育者は 1 〜 10 までのカードを順番に示していき、それに合わせて子どもたちがうたいます。

あらかじめ、「にわの　にわとり」のように、数の頭音と次の言葉の頭音が同じであることや歌詞の意味を伝えておきましょう。

2チーム分かれてうたおう

2チームでかけ合いでうたうのは、会話をしているようで楽しいです。
声色やうたうスピードを変えたり、動作をつけてもおもしろいです。

○チーム	△チーム
1 いちわのからすが	かあかあ
2 にわのにわとり	こけこっこ〜
3 さんはさかなが	おどりだす
4 しはしらがの	おじいさん

※以下、かぞえうたリスト（42−43 ページ）を参照ください。

クラスのかぞえうたをつくろう

1は「い」、2は「に」、3は「さ」というように数の頭音がつく言葉をみんなで考えて、かぞえうたをつくってみましょう。

🐛 **例えば**

「いちは、なんにする？　『い』のつくもの、何があるかなぁ」
と子どもに問いかけます。子どもからあがった言葉の中から1つ選び、
「1はイヌにするね。いちは、イヌがどうしたのかな？」
とさらに聞いて、子どもと一緒に考えます。

「どうした」のところも、同じ頭音の言葉すると語呂がよくなります。意味は通じなくても OK です。

「いちは　イヌが　いちばんだ」
「には　にせもの　20円」
「さんは　さかなが　さんびきだ」
「よんは　よっつの　よっちゃんだ」
「ごは　ごはんの　ごましおだ」
「ろくは　ろっかい　ろうかでジャンプ」
「しちは　しずか　しーっしーっ」
「はちは　はちまき　はしれーっ」
「くは　くやしい　くりのいが」
「じゅうは　じゅうえん　じてんしゃかった！」

● 歌をうたうときは、数字カードなどで数字を見せながらうたうとわかりやすいです。

● 数は「いち」「に」「さん」という言葉でもあることに気づかせましょう。

LIST 伝承の かぞえ

いちじく　にんじん
さんしょうに　しいたけ
ごぼうに　むくろじ
ななくさ　はつたけ
きゅうりに　とうがん

いちじく　にんじん
さんしょうに　しそ　ごぼう
むかご　ななくさ　はじかみ
とうがらし

いち　にい　さんまの　しっぽ
ごりらの　むすこ
なっぱ　はっぱ
くさった　とうふ

いちじく　にんじん　さんまの
しっぽ　ごりらの　むすこ　なっぱ
はっぱ　くさった　とうふ

うた

伝承の「かぞえうた」は、今の子どもにはなじみのない言葉が出てきますから、自由に言葉をかえて、いろいろな「かぞえうた」を楽しんでみてください。
※地方によって、歌詞に違いがあります。

いちわの　カラスが　かあかあ

にわの　にわとり　こけこっこ

さんは　さかなが　およぎだす

しは　しらがの　おじいさん

ごは　ごほうび　いただいた

ろくは　ロッパ^(※1)の　はげあたま

しちは　かわいい　しちごさん

はちは　はまべの　しろうさぎ

きゅうは　くろまめ　おしょうがつ

じゅうは　じゅうごや　おつきさま

ひとつ　ひばしで　やいたもち

ふたつ　ふくふく　ふくれもち

みっつ　みごとな　かざりもち

よっつ　よごれた　あんこもち

いつつ　いんきょの　かぶれもち

むっつ　むこさま　みやげもち

ななつ　ななくさ　ぞうにもち

やっつ　やろこ^(※2)の　てっぽもち

ここのつ　こぞうの　まるめもち

とうで　とっつぁん　たっぽもち^(※3)

※1　ロッパとは、昭和の喜劇俳優で古川緑波（ふるかわろっぱ）さんのことだと言われている。
※2　やろことは、地方の言葉で男の子のこと（やろっこ）。
※3　たっぽとは、げんこつのこと。

STEP!

さか立ち言葉を楽しもう
下から読むと？

下から読むと違う言葉ができるのがおもしろい言葉あそびです。身近な言葉をなんでも下から読んでおもしろがるあそびが、子どもたちの間ではやったりします。

意味のあるさか立ち言葉を言ってみよう

下から読むと別の意味になる言葉を、なぞなぞ風に取りあげて、楽しんでみましょう。

例えば

「問題〜。『しか』がさか立ちすると何になる？」
子どもの反応を待って
「『しか』は『しか』だよねー。でも……」
「しか」と書いた紙を見せて、180度回転させ
「ほら、『かし』、『しか』はさか立ちするとお菓子になるんだよ」
「じゃあ、『せみ』がさか立ちすると何だろう？」
「ほかには、どんな言葉があるかな」

いろいろな言葉をさか立ちさせよう

身近なものの名前を、さかさにして言ってみましょう。最初は2〜3の言葉で言ってみます。
子どもたちは、意味が通じなくても、さかさにして言ってみるだけでおもしろがります。

例えば

いす・つくえ・なふだ・はさみ・のり
ねんど・かお・あし・くつ・はし
など。

名前をさか立ちさせてみよう

グループ名や個人の名前をさかさにして呼んでみましょう。呼ばれたら、返事をします。

例えば

「呼ばれたグループのお友だちは、立ってくださーい。ダンパグループさん、ダンパさーん、どこですか？」
「さか立ちの名前で呼びまーす。たうゆ（ゆうた）くん」
「かり（りか）ちゃん」

いろいろなさか立ち言葉

いか	⇔	かい（貝）	
かさ	⇔	さか（坂）	
くま	⇔	まく（幕）	
しか	⇔	かし（菓子）	
せみ	⇔	みせ（店）	
なす	⇔	すな（砂）	
まご	⇔	ごま	

ろく	⇔	くろ（黒）
わに	⇔	にわ（庭）
くるみ	⇔	ミルク
てぶくろ	⇔	ろくぶて

POINT

- 最初は、聞いただけで言葉をさか立ちにして言える、2音の言葉から始めましょう。

- 文字が読めなくても、文字を取り入れながらあそぶことで、文字への興味にもつながっていきます。

STEP!

つながり言葉を言ってみよう

「いろはに こんぺいと」

つながり言葉は、語呂のよい言葉のつながりがおもしろいあそびです。コツを覚えると、子どもたちだけでどんどん新しい言葉をつないでいくようになります。

伝承のつながり言葉を言ってみよう

昔から親しまれている「いろはに こんぺいと」の歌詞をくり返し言いながら、言葉をつないでいくことを楽しみましょう。

😊 歌詞

いろはに こんぺいと
こんぺいとは あまい
あまいは さとう さとうは しろい
しろいは うさぎ うさぎは はねる
はねるは かえる かえるは みどり
みどりは きゅうり
きゅうりは ながい
ながいは えんとつ
えんとつは くらい
くらいは やみよ
やみよは こわい こわいは おばけ
おばけは きえる きえるは でんき
でんきは ひかる
ひかるは おやじの はげあたま

♪ しろい は うさぎ ♪

こわいは おばけ ♪

つながり言葉をつくってみよう

「こんぺいとはあまい」をスタートにして、1人ずつ順番に言葉をつないでいきましょう。

保育者は、子どもからあがった言葉を書き出していきます。

全員まわったら、おしまいにします。

できあがった「つながり言葉」を、みんなで声に出して言ってみましょう。

例えば

「あまいのは何だろう？」
子どもが「チョコレート」と答えたら
「じゃあ、チョコレートはな〜んだ？」
「おかし」
「じゃあ、おかしと言えば何だろう？」
「あめ」
「あめは…？」
のようにつないでいきます。

POINT

- つながる言葉がなかかな出てこないときは、「ほら、○○ちゃんの好きなおかし、あまいよね」などと、ヒントを出して考えさせましょう。

- つながった言葉を声にするときは、リズミカルに言うことを大事にしましょう。

STEP!

となえうたを覚えよう
いろいろとなえうた

昔から伝わってきたとなえうたには、言うだけで心が和むようなフレーズがたくさんあります。園生活のちょっとした場面で、となえうたを言ってみませんか。

※伝承のとなえうたを、次の50−51ページで紹介しています。

いろいろなとなえうたを楽しもう

毎日の活動や生活の中に、「となえうた」を取り入れてみましょう。

例えば

● 雨降りの合間、曇りの日に
「あーした天気になあれ」

「明日は晴れるかなぁ、お天気占いしてみようか」
「あーしたてんきになあれ」
と言いながら、「なあれ」で片方のくつをポーンと飛ばして占ってみます。
くつが裏「残念！ 明日は雨だ！」
くつが表「明日は晴れますよ！」
くつが横向き「曇り」

● あそびからお部屋に戻るときに
「かえるがなくからかーえろ」

「ケロケロケロケロ……」
「かえるがなくからかーえろ」
「かえる人、この指とーまれ！」
と保育者が指をあげて子どもを集めましょう。

● 子どもが痛がっているときに
「いたいのいたいの
　とんでいけー」

痛いところをやさしくさすってあげながら、
「いたいのいたいの　とんでいけー」
「こうやって、『いたいのいたいの』
　ってすれば、きっと治るよ」

● 降園時に
「さよなら　あんころもち
　またきなこ」

みんなで輪になって、輪の中心に向かって歩きながら
「さよなら　あんころもち
　またきなこ」
と言い、中央でみんなと両手を打ち合いましょう。

● 子どもたちに教えなくても、保育者が何気なく口ずさんでいると、子どもたちもしぜんに言うようになります。

● 園生活のいろいろな場面でとなえうたを取り入れるだけで、温かい雰囲気になります。折りにふれて取り入れてみましょう。

1 初級編
2 中級編
3 上級編
型紙

LIST 伝承のとなえ

「さよならさんかく」

さよなら　さんかく　またきて　しかく
しかくは　とうふ　とうふは　しろい
しろいは　うさぎ　うさぎは　はねる
はねるは　かえる　かえるは　あおい
あおいは　やなぎ　やなぎは　ゆれる
ゆれるは　ゆうれい　ゆうれいは　きえる
きえるは　でんき　でんきは　ひかる
ひかるは　おやじの　はげあたま

あーした
てんきに　なーれ

「いろはにこんぺいと」

こんぺいとは　あまい　あまいは　さとう
さとうは　しろい　しろいは　うさぎ
うさぎは　はねる　はねるは　かえる
かえるは　みどり　みどりは　やなぎ
やなぎは　ゆれる　ゆれるは　ゆうれい
ゆうれいは　きえる　きえるは　でんき
でんきは　ひかる　ひかるは
おやじのはげあたま

いたいの
いたいの
とんでいけー

うた

昔から子どもたちが楽しんできた「となえうた」を紹介します。

※地方によって、ところどころ歌詞に違いがあります。

「さよならあんころもち」

さよなら　あんころもち
またきなこ

かえるが　　鳴くから
かーえろ

インドの山奥
でんでんむし
しんじゃったんぼの
カエルがガアガア
がになったこたこあが
レインボーマン

そーだー村の　村長さんの
そうりょうむすこの　そーすけさんが
ソーダ飲んで　死んだそーだー
葬式まんじゅう　でっかいそーだー
なかにはあんこが　ないそーだ

STEP!

しりとりをつくろう
「こぶたぬきつねこ」

おなじみの言葉あそびです。初めての子どもは歌で楽しくルールを覚え、あそびに慣れてきたら「お話しりとり」に発展させてみましょう。

「こぶたぬきつねこ」をうたおう

「こぶた→たぬき→きつね→ねこ→こぶた」とエンドレスにつながる、しりとりあそび歌を、みんなで楽しみましょう。はじめは、みんなで言ってみてから、うたうようにします。

「こぶたぬきつねこ」をつなげよう

「こぶた」のあとに、別の言葉をつなげてみましょう。2～3音の言葉をつなげれば、「こぶたぬきつねこ」のメロディーにのせてうたうことができます。

例えば

「こぶた→たいこ→こりす→すな」
「こぶた→たき→きなこ→こま」

こぶた ← たぬき ← きつね ← ねこ
ねこ → こま → まりんご → りんご

つぎのつくものは ご

ごりら！　ごりら！

「お話しりとり」をしよう

名詞ではなく、文章で最後の文字を次の文章のはじめにして、つないでいきます。まずは保育者が言ってスタートします。

「……です」などと、同じ言葉で終わる文章が続かないよう保育者が調整しましょう。

例えば

「わたしはカレーライスが好き」
→ 「きょうは公園にあそびにいくよ」
→ 「よるははやくねるんだ」
→ 「だいすきなひとは、ママ」
→ 「まるい食べ物、な〜んだろう」
→ 「うさぎはピョンピョンはねる」

わたしは
カレーライスが
す「き」

「き」ようは
こうえんに
あそびに
いく「よ」

「よ」るは
はやく
ねましょう
「ね」

ね

POINT

● 言葉を書きながらしりとりをしていくと、しりとりあそびに慣れていない子にとって、ルールが理解しやすくなります。

● 文字が読めなくても、書いて示すことで、文字への興味にもつながります。

STEP!

歌に合わせて絵を描こう

いろいろ絵かきうた

リズミカルにセリフを言いながら絵を描いてみましょう。いろいろな絵かきうたを楽しんだら、みんなでオリジナルな絵かきうたづくりに挑戦してみましょう。

伝承の絵かきうたを紹介しよう

まずは保育者が、絵かきうたをうたいながら、ホワイトボードなどに絵を描いてみせましょう。

すぐに最後まで描いてしまわずに、途中途中で、何ができるのか、子どもたちの表情を見て問いかけながら期待ももてるように進めます。

そのあとで、空をなぞるように手を動かしながら、みんなで絵かきうたを覚えましょう。

実際に画用紙などに描くときも、最初は保育者がホワイトボードなどでリードしながら、進めるようにします。

例えば

「先生がうたいながら絵を描きます。何が描けるかな？」

「ぼうが1本あったとさ。葉っぱかな？　葉っぱじゃないよ……。葉っぱじゃなくてなんでしょう？」

ぼうが1本
ありました
かえるかな
かえるじゃないよ
なんでしょう

絵かきうたをたくさん楽しもう

いろいろな絵かきうたを紹介したら、子どもたちが、好きな絵かきうたを自由に描けるよう、コーナーを用意しましょう。

コーナーには、絵かきうたの絵を薄くコピーしたものを何枚も用意しておき、好きな絵を選んで、なぞれるようにします。

「今月の絵かきうた！」などと、毎月1つずつ新しい絵かきうたを用意してもいいですね。

えかきうた
コーナー

できた！

POINT

● 最初は、言葉をゆっくりはっきり言いながら、絵を大きく描いてみせましょう。

● 子どもは、絵をじょうずに描きたくてくり返しあそびます。言葉が間違っていることがあっても、あえて指摘する必要はありません。楽しくお絵かきできることを大事にしてあげてください。

絵かき

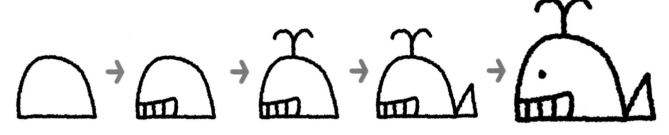

① おおきな やまが
ありました

② ふもとに はたけを
つくってね

③ てっぺんに きを
うえてから

④ ふもとに いえも
たてました

⑤ ちいさな いどを
ほったらね あっと
いうまに クジラさん

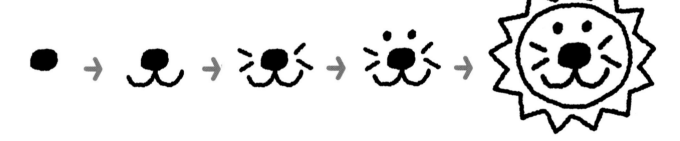

① くろまめ 1つ
ありました

② いけに なげたら
なみ ぽっちゃん

③ みずが とんだよ
しゅっしゅ
しゅっしゅ

④ なかまの まめも
やって きた

⑤ おひさま きらきら
てらしたら あっと いうまに
ライオンさん

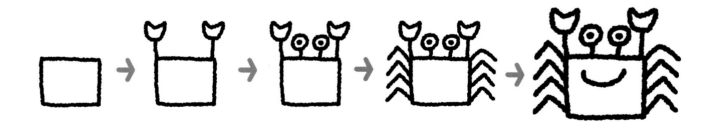

① ちいさな
かだんが
ありました

② チューリップ
ふたつ
さきました

③ まあるい
つぼみも
でてきたよ

④ ちいさな
おやまが
くっついて

⑤ くちを かいたら
かにさんだ
ちょきん！

うた1

子どもたちに人気の生きものを題材にした絵かきうたです。
くり返しあそびながら、言葉のリズムや言葉を絵で表現する楽しさをたっぷり味わいましょう。

1 初級編

2 中級編

① ペロペロキャンディ
　ぼうが　ない

② バナナが　1ぽん
　こんにちは

③ アンテナ　にょきっ

④ アンテナ　にょきっ

⑤ くろごま　2つ
　くっついて　あっと
　いうまに　カタツムリ

① おさらが　1つ
　ありました

② おにぎり　1つに

③ あんぱん　1つ

④ わたあめ　2つ
　まめ　2つ

⑤ おくちを　かいたら
　にっこり　かわいい
　コアラさん

① おさらが　1まい
　ありました

② せんべい　2まいに
　しろまめ　2つぶ
　のせました

③ せんべい　こんがり
　やけました

④ くろまめ　1つぶ
　のせたらね　せんべい
　2まい　やけて　きて

⑤ しょうゆを　たらせば
　パンダさん

3

型紙

絵かき

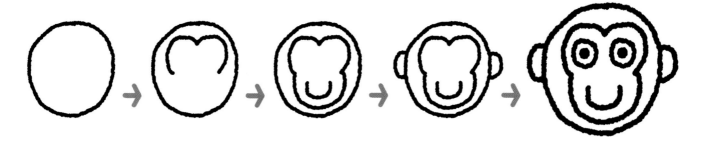

① まるい まどが
ありました

② のぞいて みると
やま ふたつ

③ おおきな おいけと
ちいさな おいけも
ありました

④ おおつぶの あめが
ポツン ポツンと
ふってきて

⑤ みずたまり 2つ
できました あれあれ
これは おサルさん

① ちゃわんの なかに
なに いれる?

② アイス 2つと
さんかく キャンディ

③ あれあれ ちょっぴり
こぼれたよ

④ チョコを 2つぶ
のせてから

⑤ はねを かいたら
ほうほう フウロウ
できあがり!

① きが 1ぽん
ありました

② バナナが なったと
おもったら

③ リンゴも なって
こりゃ びっくり

④ あわてて さくを
たてたらね

⑤ むしが 2ひき
とんできて あっと
いうまに ゾウさんだ

うた 2

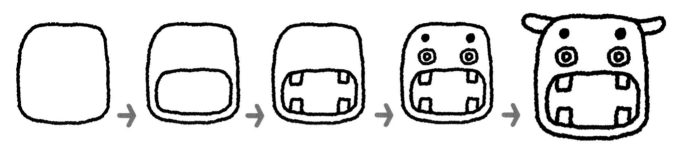

① おべんとうばこが
ありました

② ほかほか ごはんを
いれまして

③ かまぼこ 4まい
ならべたら

④ たまごと うめぼし
いれましょう

⑤ おみみを 2つ かい
たらね おおきな
くちの カバさんだ

① はなびら 1まい
ふってきて

② みずの うえに
おちたらね

③ まあるい みずの
わ できました

④ くさも 1ぽん
とんできて

⑤ きのみも 3つ おちて
きて ぴょんぴょん
ウサギの できあがり

① たかい やまの
ふもとには

② さんかく やまが
ならんでて

③ くもが ぷかぷか
ういて いる

④ なかよし カモメが
とんできて

⑤ きのみを 2つ
みつけたら よちよち
ペンギン できあがり

作）山本省三／『ようじのはつらつB ぴぴっと』（日本標準）より引用しました。

保育者の言葉  Q & A ❷

回答／藤森平司先生

Q すぐに手が出てしまう子への対応

子ども同士のかかわりで、うまく言葉で表現できず、すぐに手が出てしまう子がいます。保育者としてできることは？

言葉で気持ちを伝える力をつけてあげて

自分の気持ちをうまく伝えられないから、手が出てしまうのですね。言葉を豊富にしたり、他の表現力をつけていく必要があります。例えば、生活の中で給食の量を「多め、少なめ」と申告するなど、言葉で表現しなければならない場面をできるだけ多く設定し、言葉で自分の気持ちを伝える力をみがいていくとよいと思います。

Q 言葉の発達が気になる子への対応

言葉がなかなか出てこないとか、吃音が気になる子にどうかかわったらよいでしょう？　保護者にはどのような配慮をお願いしたらよいですか？

保育者が正しい話し方のモデルになって

子どもは耳から学び、まねをして学ぶことも多いものです。ですから、その子の言葉を直そうとするのではなく、保育者が正しい話し方を心がけていくとよいでしょう。
保護者の対応については、こちらから決めつけるのではなく、保護者側から相談してきたときに一緒に対応を考えていく姿勢をとりましょう。

Q 幼児語で話しかけている保護者への対応

園では幼児語を使わないように心がけていますが、保護者が幼児語を使うことがあり、気になります。どう対応したらよいですか？

保育者の姿から、保護者に感じてもらうこと

子どもの年齢にもよりますが、年齢にそぐわない幼児語は、子どもの人格を認めていない表れかもしれません。ですが、保護者に注意するのではなく、保育者がモデルとして正しい言葉で話しかければよいことです。その姿を見て、保護者も何かを感じとってくれるでしょう。

JUMP!

Part 3
上級編

「上級編」の言葉あそびは、言葉や文章の意味を理解した上で楽しめる内容のあそびです。

単に「言葉あそび」を楽しむだけでなく、互いに意見を出し合いながらあそびを広げていくような機会を、どんどんつくってあげてください。

JUMP!

同音異義語を知ろう

のりのり連想ゲーム

同じ言葉なのに意味が違うなんて、子どもたちには不思議な言葉です。語彙が増えてきたからこその発見が楽しめるあそびです。

同じ言葉で違う意味の言葉を集めよう

なぞなぞのような問いかけで同音異義の言葉をいくつか紹介しましょう。紹介した言葉のほかに、同音異義の言葉はないか、保育者がヒントを出しながら子どもたちが探してみましょう。

例えば

「おにぎりをぐるっとまいている黒いものと、工作のときにかみとかみを貼りつけるものが同じ言葉だよ。なーんだ？」
「川のところにあって、渡るものと、食べるときに使う2本のものが同じ言葉だよ。何かな？」

答えがあがったら、アクセントの違いにも意識しながら（同じアクセントのものもあります）、声に出して言ってみましょう。

おにぎりをぐるっとまいている黒いものと、こうさくのときかみとかみをくっつけるものが同じ言葉なーんだ？

のりとのり

どの意味の言葉かな？ イメージしよう

同音異義のどちらの言葉も「正解」になるような問いかけをして、何をイメージしたのかをみんなで言い合ってみましょう。

同じ言葉でも、いろいろな受け取り方があることに気づき、言葉への興味が高まります。

アクセントが違うときは、文字カードを利用するなどしてもよいでしょう。

例えば

「かみ、切っていいよ」
「さて、どんなかみを切っていいのかな？」
「折り紙の紙？ 頭の髪の毛？ 神さまのこと？」
紙　髪　神

「あ、あめがふってきた！」
「何がふってきたのかな？」
雨　飴

「わっ、くもに乗ってる！」
「乗ってるのは、雲、クモどっち？」
雲　クモ

LIST 同音異義語

- にじ（虹・2時）
- のり（糊・海苔）
- は（歯・葉）
- はし（橋・箸・端）
- あめ（雨・飴）
- はち（蜂・鉢・8）
- かき（柿・カキ）
- め（目・芽）
- くも（雲・クモ）
- はな（花・鼻・洟）
- ふく（服・吹く・拭く）
- かぜ（風・風邪）

POINT

- 保育者は、アクセントの位置を正しく認識し、しっかり発音しましょう。

- あえてアクセントを違えて声に出し、子どもたちの興味を引き出してもよいでしょう。

上級編
JUMP!

意味が反対の言葉を知ろう
反対言葉なーんだ？

「反対」の意味がわかって、言葉のおもしろさが増すのは4歳くらいからです。「お父さんの反対はお母さん」のような子どもらしい反対言葉も認めて楽しみましょう。

「大きい」「小さい」を体で表現しよう

「おおきなくりの木の下で」の歌を、「おおきなくりの……」と「ちいさなくりの……」でうたいます。それぞれ歌詞に合わせて体と声の表現を変えながらうたい、「大きい」と「小さい」が反対言葉であることを確認しましょう。

おおきなくりの木の下で

作者不詳
イギリス民謡

反対言葉を集めよう

子どもたちが、ふだんの生活で何気なく使っている言葉の反対言葉を紹介してから、みんなで反対言葉を集めてみましょう。
反対言葉を紹介するときは、具体的な例を掲げながら話します。

例えば

「大人は背が高いね。じゃあ、子どもの背は？」
「そう低いね。高いの反対は、低いなのよ」
上を指で差して
「先生の指はどっちを向いてる？」
「そう、上です」
下を指で差して
「じゃあ、こっちは？」
「そう、下ね。上の反対は下なのよ」

LIST 子どもに身近な反対言葉

- 上⇔下
- 右⇔左
- 高い⇔低い
- 短い⇔長い
- 出る⇔入る
- 強い⇔弱い
- 良い⇔悪い
- 重い⇔軽い
- 太い⇔細い

- 寒い⇔暑い
- 泣く⇔笑う
- 厚い⇔薄い
- 立つ⇔座る
- 着る⇔脱ぐ
- 開く⇔閉じる
- 多い⇔少ない
- 暗い⇔明るい
- 大人⇔子ども

- 寝る⇔起きる
- 勝つ⇔負ける
- 伸びる⇔縮む
- 大きい⇔小さい
- おそい⇔はやい
- 始まる⇔終わる

POINT

- 反対言葉を、言葉としてだけ覚えてしまわないよう、ものを集めて「多い」「少ない」とか、保育者と子どもの背を比べて、「高い」「低い」など、実際に目で見えるような事例を紹介し概念も一緒に伝えましょう。

回文を楽しもう
上から読んで下から読んで

上から読んでも下から読んでも同じ意味の言葉であそびましょう。覚えると、おもしろくて何度も言ったりします。

声に出して言ってみよう

保育者がホワイトボードなどに文字を書いて、みんなで声に出して言ってみます。
2音・3音の言葉を楽しめるようになったら、少しずつ長い言葉を紹介していきましょう。

例えば

「とまと」と文字を書いて、1文字ずつ指しながら
「これは『と・ま・と』と読みます。みんなも一緒に読んでみようか」
「と・ま・と」(みんなで)
「『とまと』はね、下から読んでも同じなんだよ。見ててね」
下から文字を1字ずつ指しながら、
「と・ま・と。ほら、同じでしょ」
「じゃあ、これはどうかな?」
と言って「もも」「やおや」「こねこ」などの文字を書いては、子どもと一緒に声に出して読んでみましょう。

さかさ言葉をつくってみよう

言葉をつなげてオリジナルさかさ言葉
をつくり、何度も言ってみると楽しい
です！ 意味はなくても OK。言葉の
おもしろさを楽しみましょう。
最初は保育者がつくってみせます。

例えば

「今度は先生がさかさ言葉をつくって
みるよ」
ホワイトボードなどに「かみ」と文字
を書き
「『かみ』をさかさ言葉にするには下
になんの文字を入れたらいいかな？
『か』から始まるから、下も『か』が
ないとね」
したに"か"の文字を加え
「かみか」「かみか、だって！ ね、
もう少し足してみようか」「かみかみ
か！ ほら、なんだか早口言葉みたい
だね」

同様に
「とまと」⇒「とまとまと」
「こねこ」⇒「こねこねこ」
「やおや」⇒「やおやおや」
など。

LIST さかさ言葉

2音	モモ ささ みみ ママ パパ
3音	トマト こねこ みなみ ふうふ やおや いない たべた いたい しるし
4音以上	きつつき しんぶんし がけでけが たけやぶやけた ダンスがすんだ わたし負けましたわ にわとりとうたうたうとりとワニ

POINT

● 上から読んでも下から読んでも
  同じになるおもしろさを充分楽
  しみましょう。

● 新しくできた「さかさ言葉」を
  書き出して貼っていくと、新し
  い言葉をつくってみようとする
  意欲につながります。

上級編

JUMP!

早口で言ってみよう

早口言葉で大合唱

言うだけで楽しい早口言葉。いろいろな早口言葉を、みんなで言って楽しみましょう。

※伝承の早口言葉を、次の 70–71 ページで紹介しています。

伝承の早口言葉を言ってみよう

保育者が伝承の早口言葉を紹介してから、みんなで一緒に言ってみます。
最初は早口で言って、何て言ったかを子どもに聞いてみましょう。

例えば

「先生が今から早口言葉を言います。みんな何て言ったか、よーく聞いててね。『なまむぎ　なまごめ　なまたまご』。わかった？」
子どもの反応を待って、もう一度ゆっくり言って伝えます。
「じゃあゆっくり言うね。『なまむぎ　なまごめ　なまたまご』。わかったかな？　みんなで一緒に言ってみよう」

最初はゆっくり、くり返し言う中で、だんだん早く言っていくようにしましょう。

す…　　す…　　すもも…すももも〜

カンタンな早口言葉をつくろう

リズミカルに言葉をつなげて早口で言うだけで、早口言葉です。
頭音の同じ名前をつなげたり、下に同じ言葉のある言葉をつなげたりすると意外に簡単にできます。
おもしろい早口言葉をつくって、みんなで言ってみましょう。

例えば

頭音の同じ名前をつなげて
（しゅんくんと、しんくんと、しんたろうくんをつなげて）
「しゅんくん　しんくん　しんたろうくん」
頭音の同じ名前の最初の言葉を使って
「しゅんしんしん　あわせてさんにん　しゅんしんしん」
などとつないでも楽しいです。

下に同じ言葉のある言葉をつなげる
「きのこごはん　わかめごはん　しらすごはん　にんじんごはん」
「やさいサラダ　ツナサラダ　マカロニサラダ」

- 早口言葉を言うポイントは、口を大きく開けて言うことです。保育者は、大きな口で早口言葉を言ってみせましょう。

- 日ごろ声が小さい子や、言葉かずの少ない子が、みんなと一緒に元気に声を出せるような機会にしましょう。

伝承の早口

レベル 3 👑

な まむぎ　なまごめ　なまたまご

た けやぶに　たけ　たてかけた

う らにわに　にわ　にわとりがいた

レベル 2 👑👑

あ かパジャマ　あおパジャマ　きパジャマ

と なりのきゃくは　よく
　　　　　　　　　　　かきくう　きゃくだ

す ももも　もももも　もものうち

こ の　くぎは　ひきぬきにくい　くぎだ

言葉

いろいろな早口言葉をレベル分けしてみました。それぞれのランクの早口言葉を言えるようになったら
「早口言葉◯級」の賞状を出したりしても楽しいです。

レベル1 👑👑👑

に わには　にわ　うらにわには
　　　　　にわ　にわとりがいる

ぼ うずが　びょうぶに　じょうずに
　　　　　ぼうずの　えを　かいた

か える　ぴょこぴょこ　みぴょこぴょこ
　　あわせて　ぴょこぴょこ　むぴょこぴょこ

お あや（綾）や　おやに　おあやまりなさい

あ かまきがみ　あおまきがみ　きまきがみ

数助詞であそぼう①

1本でもにんじん

数助詞は、数をかぞえるときに数につける言葉です。「1個、2個」「1冊、2冊」
「1匹、2匹」などの数助詞を、あそびながら知っていきましょう。

いろいろな物をかぞえてみよう

絵本、積み木、ブロック、動物などの、子どもに身近なものを1～5種類、それぞれ3～5ずつ用意します。それぞれのものに数助詞をつけて、声に出してかぞえてみましょう。

例えば

絵本を見せて、
「絵本をかぞえようと思うんだけど、なんてかぞえるか知ってる?」
とまずは子どもの反応を待ちます。
子どもから「1冊、2冊……」の答えが出てきたら
「そうだね、絵本は、『さつ』とかぞえるよね。みんなで一緒に絵本をかぞえてみようね」
と伝えて、用意した絵本を一緒にかぞえましょう。

子どもから答えが出てこなかったら、保育者が教えますが、すぐに正解を出さず、
「1個、2個、3個、いいのかな?」
などと、違うかぞえ方をして、子どもに考えさせてもいいでしょう。

同様にして、用意したものをみんなでかぞえていきます。

かぞえうたで楽しく数詞を知ろう

「いっぽんでもにんじん」のかぞえうたを紹介し、一緒にうたって覚える中で、たくさんの数詞にふれたり、数助詞への興味を高めていきましょう。

「こ」「ほん」「そく」「そう」「つぶ」「わ」「ひき」「とう」「はい」といった数助詞が歌詞に登場してきます。何回かうたったら、歌詞をゆっくり言ってみて、ものと数助詞のつながりを確認しましょう。

いっぽんでもにんじん

作詞：前田利博
作曲：佐瀬寿一

LIST　いろいろな数助詞

回 （かい）	度数・くり返し数	階 （かい）	家の層
冊 （さつ）	雑誌・本・ノート	人 （にん）	人
隻 （せき）	汽船・ボート・ヨット		
台 （だい）	自動車・テレビ・ピアノ・自転車		
粒 （つぶ）	豆・イチゴなど、小さくて丸いもの		
頭 （とう）	ウシ・ウマ・シカ・ゾウ・ライオン・キリン		
匹 （ひき）	魚・虫・小型の動物		
本 （ほん）	草木・鉛筆など、細く長いもの		
枚 （まい）	紙・皿・木の葉など、平たいもの		
羽 （わ）	鳥・ウサギ		

POINT

● 保育者は積極的に会話の中に数助詞を使って示しましょう。ただし、あれもこれもだと大変なので「個」「冊」「匹」「枚」などを意識して取り入れるようにしましょう。

● 「あれ？　魚は1個、2個ってかぞえるんだっけ？」などと子どもに確認するような問いかけをしてもよいでしょう。

3 上級編

数助詞であそぼう②

数助詞ぴったんこゲーム

実際の物と数助詞を結びつけるゲームです。ある程度数助詞が身についたところで
取り入れるとよいでしょう。

物と数助詞を合わせてゴールしよう

😮 準備

● 「こ」「にん」「ひき」「さつ」など
の文字を書いた数助詞カードを用
意します（実際にゲームで使う具体
物に応じてカードを用意。同じ数助
詞を使ってかぞえるものがあると
きは、同じカードをその数分用意し
ます）。

● コース最初の１／３のところに台を
置き、かぞえるもの（積み木、クレ
ヨン、紙、魚の絵カードなど）を置
き、その先２／３のところに数助詞
カードを置きます。

😮 ルール

「ヨーイ ドン」でスタート。最初に
並んでいるものを１つ手に取り、その
先に並んでいる数助詞カードの中から、
そのものに合うカードを取ってゴール。
ゴールしたあと、ものと数助詞が合っ
ているかを確認し、合っていたら「ぴ
ったんこ」。間違っていたら「ブッブ
ー」で、列の後ろに並んで、もう１度
挑戦します。

数助詞に合うものを借りてこよう

準備

● 探すエリアを決めます（園庭の中とか部屋の中など）。

● エリア内で見つけられるものにつく数助詞カードを用意し、箱に入れておきます。

● 箱は、スタートから離れた位置に設置します。

ルール

● リレー形式のグループ対抗戦でおこないます。

● 第一走者から順番に1列に並び「ヨーイドン」。コース先に置いてある箱から1枚カードをひき、その数助詞を使ってかぞえられるものをエリアの中から探します。

● 見つけたら、箱の横にいる保育者にカードとものを見せて確認。「ぴったんこ！」と言われたら、カードとものを保育者に渡し、スタート位置に戻って次の走者にタッチしましょう（保育者は、カードを箱に戻す）。

● 最初にゴールしたチームの勝ち。

最後に、子どもたちが持ってきたものを同じものごとに分類し、それぞれを数助詞をつけながらみんなでかぞえてからかたづけます。

 POINT

● 少し難易度が高いあそびですから、5歳児の3学期くらいに、入学準備の1つとしてあそんでみるとよいでしょう。

● 数助詞を書いた文字カードの裏に、かぞえるもののリストを絵にしておくと、答えを導きやすくなります。

歌詞であそぼう①
「あんたがたどこ●」

昔ながらのまりつきうた「あんたがたどこさ」の「さ」を声に出さず、動作に替えてうたいます。ちょっとドキドキする言葉あそびです。

「さ」のところで手を打とう

最初は普通に「あんたがたどこさ」をうたい、「さ」のところで手を1回たたくようにしてみます。

「さ」のつく部分に意識が向けられるようになったら、次に、「さ」のところで、手を口に当ててうたいます。

「さ」の音が聞こえないことをみんなで確認したら、今度は口に手を当てないで、「さ」を言わずにうたってみましょう。

例えば

「『さ』のときにお口に手を当てたら『さ』が聞こえない歌になったよね。今度は手を使わないで、『さ』が聞こえないようにうたえるかな。『さ』のところは声を出さないのよ」

「さ」でいろいろな動作をしよう

「さ」は声に出さないで、その部分に動作をつけてうたってみましょう。

例えば

「さ」で隣の人と握手。
「さ」で両手でグーを作り鼻に重ねる。
「さ」で軽くジャンプ。
「さ」で両横に足を開き、次の「さ」で戻すのをくり返す。

言葉を変えてうたおう

歌詞の「ひご」や「くまもと」「せんば」が昔の言い方で、今の熊本県のある場所の名前だということを話し、その部分を自分たちの地域の名前に替えてうたってみましょう。

例えば

あんたがた　どこさ
東京さ　東京どこさ
世田谷さ　世田谷どこさ
○○園さ
○○園には　たぬきがおってさ
（以下もとの歌詞で）

あんたがたどこさ

わらべ歌

あんた が た どこさ　ひごさ　ひご どこさ　くまもとさ　くまもと どこさ　せんばさ　せんば それを

やまには たぬきが おってさ　にてさ　やいてさ　くってさ　それを このはで ちょっとか ぶせ
りょうしが てっぽうで うってさ

※熊本県に伝わるまりつき歌。　ひご＝肥後⇒熊本県　せんば＝船馬という地名

POINT

● 歌詞に意識を向けたり、歌詞の意味を知らせ、言葉への興味を高めていきましょう。

● ふだん何気なくうたっている歌の意味を知る機会をつくってみましょう。

上級編
JUMP!

歌詞であそぼう②
「ゆっくりゆうやけ こっくりこやけ」

「ゆうやけこやけ」の歌詞に、同じ頭音のリズミカルな言葉をつけて、言葉のリズムをたっぷり楽しみましょう。

歌を覚えて、みんなでうたおう

保育者がうたって聞かせたら、メロディーをつけずに、歌詞を声に出して言ってみましょう。
次は、メロディーにのせてうたいますが、最初はゆっくり、言葉のおもしろさを味わいながらうたってください。

歌詞

ゆっくり　ゆうやけ
こっくり　こやけで
ひっくり　ひがくれて
やっくり　やまの
おっくり　おてらの
かっくり　かねがなる
おっくり　おてて
つっくり　つないで
みっくり　みな　かえろ
かっくり　からすと
いっくり　いっしょに
かっくり　かえりましょう〜〜〜〜〜

かっくりかっくりかっくり

言葉と歌詞を分けてうたおう

追加した言葉の部分をうたうグループと、もともとの歌詞をうたうグループに分けて、かけ合うようにうたってみましょう。保育者が指揮者になって、合図を出すとうたいやすいです。

言葉をみんなで考えよう

同じ頭音の言葉をつける、というルールを押さえながら、いろいろな擬音語や擬態語に置き替えてみましょう。

 **例えば**

ゆらゆら　ゆうやけ
こやこや　こやけで
ひらひら　ひがくれて
やらやら　やまの　おておて
おてらの　かんかん　かねがなる
おらおら　おてて
つなつな　つないで
みらみら　みな　かえろ
からから　からすと
いっいっ　いっしょに
からから　かえりましょう～～～
からからから……

夕焼け小焼け

作詞：中村 雨紅
作曲：草川 信

ゆう　やけ　こ　や　け　で　ひ　が　くれ　て　　や　まの　おてらの　かねが　な　る

お　おてて　つ　ないで　みな　かえろ　　からすと　いっしょに　かえりま　しょう

POINT

● 保育者がうたって聞かせるときは、楽しくリズミカルにうたうことを大事にしましょう。

● みんなでうたうときは、最初はゆっくりうたって、言葉の音のおもしろさを味わいましょう。

JUMP!

なぞなぞで文字も覚えよう

なぞなぞかるた

読み札（なぞなぞ）と絵札（答え）が同じ音で始まる「かるた」です。語彙の獲得、言葉の音や文章のリズム、文字への興味が育つ、総合的な言葉あそびです。

なぞなぞであそぼう

かるたあそびの前に、読み札のなぞなぞであそびましょう。

最初は保育者がなぞなぞを読んで、子どもが答えます。

答えは、問題の一番はじめの音と同じ音で始まることを最初に伝えておき、はじめの音を強調して読むようにします。

「なぞなぞかるた」を作ってあそぼう

準備

● なぞなぞかるた型紙絵札（84−95ページ）をコピーして色を塗り、厚紙に貼って絵札を作ります。

● グループの数分のセットを作り、グループ単位で拾えるようにします。何セットも作るときは、子どもにも色塗りを頼みましょう。

● 読み札は、必要に応じてコピーします。

グループごとに絵札を広げ、保育者が読み札を読みます。

なぞなぞの答えに合う絵札を拾い、たくさん集めた子の勝ちです。

「なぞなぞ」をつくろう

絵札の言葉が答えになるような、なぞなぞをみんなで考えてみましょう。
それぞれのものの特徴を出し合って、その中から2〜3の言葉をつないで問題にします。
できあがった問題を読み札にして、かるたであそびましょう。

例えば

かるたの絵札を見せながら
「ウサギって、どんな動物かなぁ？何が得意？　好きな食べ物はなんだっけ？」
などと、ウサギの特徴を表す言葉を子どもから引き出します。
「そうだよね。ぴょんぴょんはねて、耳が長くて、ニンジンが好きだよね」
と子どもからあがった言葉を整理して
「じゃあ、こんなふうになぞなぞにしてみるよ。『ぴょんぴょんはねて、耳が長くて、ニンジンが好きな動物　なあに？』」どう？」

えんにも
めがねを
かけている人
いるよね？

うーんと？

んー？

えーと？

えんちょう
せんせい

えーと？

POINT

- 読み札を読むときは、ゆっくりと大きな声で読みましょう。

- 1枚も取れずにいる子には、別の保育者が補助に入るなどして、1枚は取れるような配慮をしましょう。

なぞなぞかるた

<table>
<tr><td>

あ ひる
あさから
があがあ
おしゃべり
だあれ？

</td><td>

い ぬ
いい におい！
すぐに
わかって
ワンワン
ほえるの
だあれ？

</td><td>

う さぎ
うまいよ
ジャンプ
みみが
ながいの
だあれ？

</td><td>

え んぴつ
えや じを
かくと
くろい せんが
かけるの
なあに？

</td><td>

お おかみ
おおきな
くちと
きばが
こわいよ
だあれ？

</td></tr>

<tr><td>

か たつむり
かいがら みたいな
いえを
ゆっくり
せおって
あるくの
だあれ？

</td><td>

き のこ
きの ねっこに
にょきにょき はえる
かさを かぶった
しょくぶつ
なあに？

</td><td>

く つした
くりすますには
ぶらさげて
いつもは あしに
はくもの
なあに？

</td><td>

け ーき
けすよ
ろうそく！
おたんじょうびに
たべるの
なあに？

</td><td>

こ いのぼり
こどもの ひ
そらで
すいすい
およぐの
なあに？

</td></tr>

<tr><td>

さ る
ささっと
きのぼり
おしりが
あかいの
だあれ？

</td><td>

し ゃべる
しっかり
にぎって
すなを
ほるとき
つかうの
なあに？

</td><td>

す いか
すごく
あまくて
たねが
あかい いっぱい
くだもの
なあに？

</td><td>

せ んたくき
せんざいと
ふくを
いれて
ぐるぐる
なあに？

</td><td>

そ ば
そろって
ほそくて
つるつる
たべるの
なあに？

</td></tr>

<tr><td>

た ぬき
たたくよ
おなか
ぽんぽこ
だあれ？

</td><td>

ち ず
ちかみちも
これを
みれば
まよわないもの
なーんだ？

</td><td>

つ みき
つんだり
くずしたりして
あそぶの
なあに？

</td><td>

て っぽう
てで にぎり
ぶらさがったり
まわったりする
ほそいぼうは
なあに？

</td><td>

と けい
とんがった
はりで
じかんが
わかるの
なあに？

</td></tr>

<tr><td>

な わとび
なんかい
とべる？
なわを
まわして
とぶのは
なあに？

</td><td>

に わとり
にぎやかに
こっこ
こけっこ
なくのは
だあれ？

</td><td>

ぬ いぐるみ
ぬ（縫）って
わたを
つめれば
できあがり。
かわいい
どうぶつ
なあに？

</td><td>

ね こ
ねころんで
けなみ
ぺろにゃん
するのは
だあれ？

</td><td>

の り
のせたり
まいたり
くろい
たべもの
なあに？

</td></tr>
</table>

なぞなぞは、こたえ（絵札）の頭音と同じ音で
始まる文になっています。
コピーして切り離し、絵札と併せて、神経衰弱
などのあそびでもご活用ください。

読み札

ほん
ほっとしたり
びっくりしたり
わらったり。
よんで たのしむもの
なあに？

へび
へいきだよ
にょろにょろ
びっくり
だあれ？

ふうせん
ふくらむと
そらに
ふわふわ
なーんだ？

ひこうき
ひとっとび
とおくへ
いける
のりもの
なあに？

はし
はさんだり
つまんだりして
たべるときに
つかうの
なあに？

もぐら
もこもこと
つちを
ほって
すすむの
だあれ？

めがね
めに
かけて
はっきり
みえるの
なーんだ？

むし
むこうで チチチ
こっちで リリリ
ちょうや トンボも
なかまだよ。
なーんだ？

みかん
みの ふくろが
みかづきで
オレンジいろの
くだもの
なあに？

まゆげ
まぶたの
うえに
はえてる
もじゃもじゃ
なあに？

ようふく
よく にあう
セーター スカート
きるもの なあに？

ゆびわ
ゆびで きらきら
かがやくものは
なーんだ？

やさい
やおやさん
みせさき
いろいろ
ならぶの
なあに？

ろぼっと
ろけっとみたいに
そらも とべるよ。
てあしが あって
うごくの
なあに？

れいぞうこ
れたすに
たまごに トマト
ジュース
みーんな
ひんやり
なーんだ？

るーれっと
るんるん
まわして
すうじに
とまるよ
なあに？

りんご
りっぱな
あかい み
きに なる
くだもの
なあに？

らっこ
らくちんさ おなかで
コンコン かいを わる
うみの いきもの
なあに？

○

○

○

○

わに
わたる かわに
いたら こわいな
おおきな いきもの
くちの
だあれ？

型紙

83

なぞなぞかるた

コピーして色を塗り、切り離してから、
厚紙に貼って使いましょう。
拡大コピーして、大型かるたにしても
よいでしょう。

「いくつの音の言葉かな?」(10−11 ページ)
「頭音言葉集め」(12−13 ページ)
「下から読むと?」(44−45 ページ)
「数助詞ぴったんこゲーム」(74−75 ページ)
など、様々なあそびの導入にも使えます。

うさぎ

えんぴつ

おおかみ

かたつむり

きのこ

くつした

けーき

こいのぼり

さる

しゃべる

すいか

せんたくき

そば

たぬき

ちず

つみき

てつぼう

とけい

なわとび

にわとり

型紙

ぬいぐるみ

ねこ

のり

はし

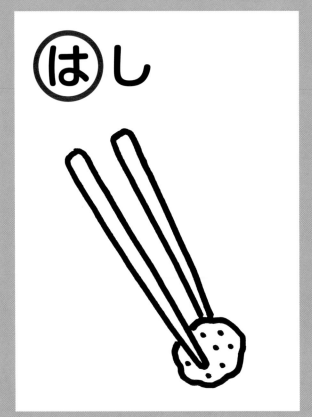

こうき

うせん

び

ん

（ま）ゆげ

（み）かん

（む）し

（め）がね

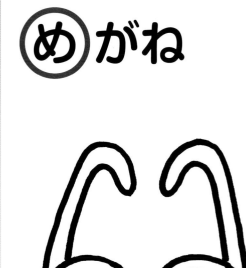

 もぐら

 やさい

 ゆびわ

 ようふく

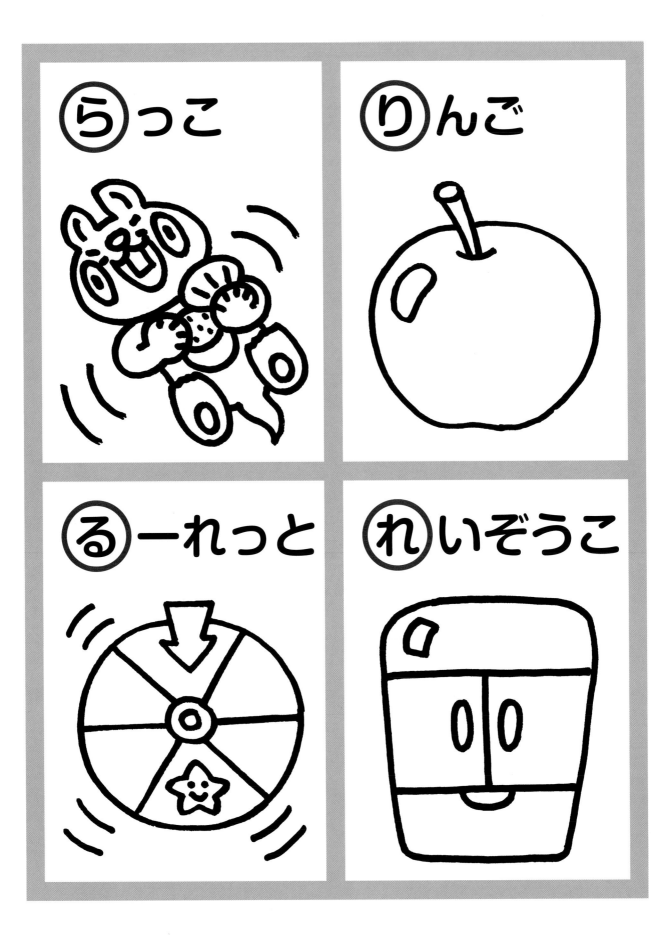

らっこ

りんご

るーれっと

れいぞうこ

※「を」と「ん」を頭音にもつ言葉がないため、かるたでは取りあげていません。あき札はご自由に活用ください。

■編著
　グループこんぺいと
　保育現場をもちながら、企画・編集を手がける。
　東京都世田谷区で、子どものスペース「台所のある幼児教室」を運営。
　編・著書は『あそびからはじめる食育』（メイト）、『人とのかかわりを育てる
　スキルあそび45』（日本標準）など多数。

■執筆協力
　藤森平司（新宿せいが保育園園長）／概論・Q&A回答
　山本省三／絵かきうた・なぞなぞ

■スタッフ
　編　　集 ● 橘田 眞
　編集協力 ● 萌木立みどり・鈴木麻由美
　デザイン ● 石川えりこ
　ＤＴＰデザイン ● おざわりつこ
　表紙イラスト ● 石川えりこ
　本文イラスト ● 石川えりこ・吉見礼司・山本省三
　楽譜作成 ● from30

いつでも どこでも **言葉あそび**

2011年1月1日　初版発行Ⓒ

発行人　　竹井 亮
発行　　　株式会社メイト
編集協力　日本幼年教育研究会
発売　　　株式会社メイト
　　　　　〒332-0031　埼玉県川口市青木3−13−3　☎ 048-250-1500(代)
印刷所　　長野印刷商工株式会社